はじめに

　安全で快適な職場をつくることは働く人の幸せのために大切なことです。そのために必要なのは職場の危険源（リスク）を見つけ、それをなくすこと、減らすことです。安全パトロールは職場のリスクを見つける代表的な取組みの一つとして、多くの職場で行われています。

　本書では、特に作業者との対話を重視した安全パトロールを通じて、職場リスクを見つける具体的な方法について解説します。

　一人ひとりの作業者と対話しながら安全パトロールをすることで、リスクが見つかりやすくなるだけでなく、人を育てることにもつながり、職場の安全衛生水準をさらに向上させることができます。本書をその一助として活用ください。

平成 28 年 10 月

中央労働災害防止協会

目次

実効のあがる安全パトロールのために ・・・・・・・・・・・・・ 4

Ⅰ．安全パトロールの準備 ・・・・・・・・・・・・・・・・・・ 6
ポイント1　職場のささいな変化も見逃さない ・・・・・・・・・ 6
ポイント2　計画的に漏れなく ・・・・・・・・・・・・・・・・ 7
ポイント3　知識・経験・想像力を身につけ、安全を願う気持ちで ・・・ 8
ポイント4　チェックリストを作る ・・・・・・・・・・・・・・ 10

Ⅱ．いよいよ現場へ ・・・・・・・・・・・・・・・・・・・・・ 12
ポイント5　まずは元気にあいさつ ・・・・・・・・・・・・・・ 12
ポイント6　対話は具体的な問いかけから ・・・・・・・・・・・ 14
ポイント7　当たり前の行動、当たり前の状態こそほめる ・・・・・ 28
ポイント8　危ないと思ったらまず止める ・・・・・・・・・・・ 30

Ⅲ．現場でここを見る・見逃さない ・・・・・・・・・・・・・・ 33
ポイント9　見たいものしか見えない、見ようと思ったものしか見えない ・ 33
ポイント10　不安全行動に結びつく状況を見逃さない ・・・・・・・ 34
ポイント11　不安全行動の痕跡を見逃さない ・・・・・・・・・・ 40

Ⅳ．安全パトロールが終わったら ・・・・・・・・・・・・・・・ 44
ポイント12　すべての対話を個人名付きで記録 ・・・・・・・・・・ 44
ポイント13　結果を集計・分析して改善へ ・・・・・・・・・・・・ 46

まとめ ・・・・・・・・・・・・・・・・・・・・・・・・・・・ 52
付録 ・・・・・・・・・・・・・・・・・・・・・・・・・・・ 53
＜付録1＞さまざまな安全パトロールの方法 ・・・・・・・・・・ 54
＜付録2＞職場チェックポイントの例 ・・・・・・・・・・・・・ 62

実効のあがる安全パトロールのために

(1) "対話"で進める安全パトロールを

あなたはどのように職場を見て歩いていますか？ 職場のリスクを見つけても、見て見ぬふりをしていませんか？ 毎回同じコースを回っていませんか？ 話す相手がいつも同じ人に偏っていませんか？

本書は安全パトロールを行う際の流れに沿って構成されています。安全パトロールのポイントを知り、リスクを見つけ、人を育てるために、積極的に対話する安全パトロールを行いましょう。

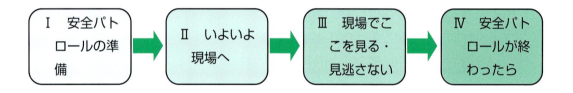

(2) 安全パトロールの目的

安全パトロールは設備の不安全な状態、不安全な作業方法、作業者の不安全な行動など、職場のリスクを見つけるための代表的な取組みです。主な目的は以下の4点です（図1）。

1．設備の不安全状態を見つける
　　職場に存在する不安全な状態を見つけ、設備の改善、安全装置の設置などのハード面からリスクの排除を行います。

2．作業方法の不安全状態を見つける

　不安全な作業方法を見つけ、作業手順の見直しや、職場ルールの設定などソフト面からリスクの排除を行います。

3．不安全行動を見つける

　作業者の不安全な行動や、職場のルールに違反する行為を見つけ、指導を行います。また、作業者個人の問題だけでなく、不安全な行動をとらざるを得ない事情がある場合は、その根本的な要因を排除する必要もあります。

4．作業者の安全知識・意識を高める

　作業者が職場のルールを正しく理解しているか、作業前のTBM（ツール・ボックス・ミーティング）、危険予知を行っているか、安全活動に取り組んでいるかなどを確認します。

　作業者と職場の課題などについて対話を行い、指導することにより、作業者に安全知識を付与し、安全意識を高めることができます。

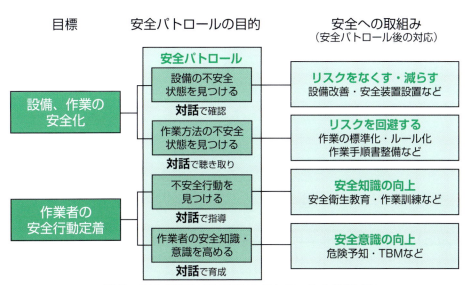

図1　安全活動における安全パトロールの位置づけ

Ⅰ. 安全パトロールの準備

Ⅰ. 安全パトロールの準備

ポイント1　職場のささいな変化も見逃さない

　アメリカの保険会社に勤務するハーバート・ウィリアム・ハインリッヒは、労働災害5,000件余を統計学的に調べ、重篤な災害1件の背後には、29件の「軽傷」を伴う災害が起こり、300件のヒヤリ・ハット*があると分析しました。いわゆる「ハインリッヒの法則」です（図2）。重篤な災害をなくすためには、ヒヤリ・ハット事象を減らすことが必要であるということを示唆しています。

　職場から報告されるヒヤリ・ハットや、現場で見られるさまざまな変化や不具合は、その要因を深堀りすることで重大なリスクを発見できることがあり、事故の未然防止につながります。安全パトロールでは実際に起こった災害やヒヤリ・ハットだけでなく、職場のささいな変化や不具合を少しでも多く集めることがポイントになります。

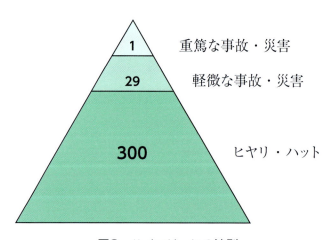

図2　ハインリッヒの法則

＊「ヒヤリ・ハット」とは、作業者が作業中に危険を感じて「ヒヤリ」とする、「ハッ」とする事象のこと。

Ⅰ．安全パトロールの準備

ポイント2　計画的に漏れなく

　安全パトロールは、時間に余裕のある時には行うが、忙しくなったらできない、ということにならないよう計画的に行います。職場の定例行事として行う安全パトロールだけでなく、職場の管理者、産業医や衛生管理者および安全衛生スタッフが行う安全パトロールについても時期や時間、対象（目的）をあらかじめ決めておくことが大切です。また、職場や会社にベテラン社員等の専門家で構成される安全パトロール専門部隊を置いている場合も同様です。

　安全パトロールの計画では、以下の事項をあらかじめ定めておきましょう。

表1　計画的な安全パトロールのために決めておくべき事項

	項　目	ねらい
いつ	時期・頻度	仕事が忙しい、他の行事があるなど、その時の状況に影響されず漏れなく行うようにするため。
	毎月、毎週、安全週間、随時など	
どこで	パトロール範囲	職場内を漏れなくパトロールすることにより、目の届いていない場所がないようにするため。
	工場、倉庫、事務所など	
誰が	パトロール実施者	パトロールの目的（対象）に合わせて適切な実施者を選定するため。
	経営者、安全スタッフ、産業医、ラインの管理者など	
何を	重点観察事項・目的	パトロールの目的（対象）に合わせてテーマを決めて行うことにより、リスクの見落としを少なくするため。
	機械設備、作業環境など	
どれくらい	時間	時間を定めることにより落ち着いてパトロールを実施するため。また時間を定めることにより受け入れ側の準備を円滑にするため。
	1時間、半日、1日など	
どのように	パトロール方法	目的（対象）に合わせて具体的なパトロール方法を定めるため。（P54＜付録1＞さまざまな安全パトロールの方法参照）。
	ペアパトロール、クロスパトロールなど	

Ⅰ. 安全パトロールの準備

ポイント3　知識・経験・想像力を身につけ、安全を願う気持ちで

　安全パトロールを行う人は、知識、安全感性、経験などさまざまな要件を備えていることが求められます。以下に示す要件は一度にすべて身につけることは難しいかもしれませんが、安全パトロールの経験を重ね、少しずつ腕を磨いていきましょう。

1. 法定事項、安全衛生の知識
　労働安全衛生法等で定められた内容、会社や事業所で定めた安全衛生に関する規程や基準、それぞれの職場で定めた取り決め事項などのルールを知っておく必要があります。さらに、機械安全の基本的な事項や、資格取得や技能講習などで学ぶ個別作業の基本事項も知っておきましょう。

2. 設備、生産プロセス等についての知識
　設備の動き、正しい作業方法、使用すべき保護具など、その職場に固有の事項を知っておくことで良い安全パトロールができます。もし設備や作業方法などでわからないことがあれば、作業者にどんどん質問しましょう。

3. 災害事例に関する知識
　自職場や、他の類似職場で過去に発生した労働災害や事故を認識していると、作業者が気づいていないリスクに気付き、指導することができます。作業手順書に過去の災害事例を掲載しておくことも有効です。

4. 安全感性、想像力
　設備や物の状態を見て、不安全行動を予見することも安全パトロールには必要です。過去の労働災害の発生プロセスを学ぶことで、不安全行動を誘発する要因を見抜き、不安全行動の痕跡を見逃さない想像力を身につけましょう。

5．リスクを見つけようという気持ち、働く人の安全を願う気持ち

　ただ職場を歩いて見てまわるのが安全パトロールではありません。リスクを見つけようという想いを持ち、少しでもおかしいと思ったことは、おかしいと声を上げることが大切です。

　もし、自分の家族がその作業をしていたとしても、安心して見ていられますか？

　家族を想う気持ちと同じように、働く人の安全を願う気持ちを持って安全パトロールを行いましょう。

I. 安全パトロールの準備

ポイント4 チェックリストを作る

　安全パトロールで不安全状態や、不安全行動を見つけるためには、ポイント3で述べたように作業における基本的な遵守事項や、過去の災害事例、事故事例を踏まえたあるべき姿、正しい状態を知っておく必要があります。
　職場における不安全状態、不安全行動を見つける着眼点をチェックリスト（図3）にしてあらかじめ用意し、安全パトロールに活用することで効率的、かつ効果的な安全パトロールを行うことができます。

Ⅰ．安全パトロールの準備

	課長	係長	班長
製品課　梱包・出荷職場			

安全パトロールチェックリスト（製品倉庫用）

日時	年　　　月　　　日（　　）　　　：　　～　　：
場所	パトロール者

	チェック内容	チェック	備考
整理整頓	不要物が放置されていないか		
	資材、道具・工具は所定の場所に置いてあるか		
	仮置きしてある物は、仮置き期限が明記されているか		
	詰所内の机の上、書棚などは整理整頓されているか		
ルール	服装に乱れがないか		
	職場内を「ながら歩行」していないか		
	フォークリフト専用通路を歩行者が通行していないか		
飛来落下防止	積み込みデッキの安全柵に不具合がないか		
	壊れたはしごや脚立がないか		
	製品ラックに腐蝕箇所がないか		
	ラック内の製品は不安定な状態になっていないか		
	転がりやすいものには歯止めをし、安定に置いてあるか		
	壁や柱に立てかけたものは倒れないように固縛してあるか		
	一人で重量物を無理に持ち運びしていないか		
クレーン・玉掛け作業	玉掛け作業場所に十分なスペースがあるか		
	玉掛け用具は点検され、不具合品を使用していないか		
	クレーンフックの外れ止めは機能しているか		
	吊り荷の下に、身体を入れて作業していないか		
	吊り荷から十分に退避し、介添えロープを使っているか		
	クレーンは決められたルートを運行しているか		
重機フォークリフト・	稼働中のフォークリフトから、警報音が発せられているか		
	駐車中の重機やフォークリフトに車止めがされているか		
	フォークリフトの運行範囲で作業をしていないか		
	フォークリフトや重機は指定通路以外を走行していないか		
トラック積み込み作業	作業中、車両のエンジンを切り、車輪に車止めをしているか		
	積み込み作業は作業デッキで行っているか		
	荷台への昇降は、専用デッキやタラップを使っているか		
	屋外荷締め作業場所で安全帯を使用しているか		

課長コメント	

図3　安全パトロールチェックリスト例

Ⅱ．いよいよ現場へ

Ⅱ．いよいよ現場へ

ポイント5　まずは、元気にあいさつ

　安全パトロールで職場のリスクを見つけるためには、日常作業においてリスクを一番感じているはずの作業者との対話が欠かせません。作業者との対話はリスクを見つけるだけでなく、パトロールをする管理者が自らの想いを伝えたり、安全意識を浸透させたりする効果も期待できます。職場の関係者が心を一つにし、安全衛生水準を向上させていくために、安全パトロールでは積極的に対話をしましょう。

1．作業者に安全パトロールに来たことを告げる

　日常会話でもあいさつが大切なように、安全パトロールでも元気なあいさつで対話をスタートしたいものです。隠れてこっそり作業を観察して、不安全行動を指摘する安全パトロールの方法もありますが、そのようなやり方をすると作業者からの信頼を失うばかりでなく、見つからなければ大丈夫という意識を植え付けてしまう懸念もあります。安全パトロールでは、まずパトロール者から元気なあいさつをしましょう。

Ⅱ．いよいよ現場へ

2．対話のきっかけ

　職場で作業者に話しかけるときは、まず、仕事に対するねぎらいの言葉を掛け、次にその場で感じた感想を述べることで、対話の糸口を作りましょう。この時、否定的・批判的な内容ではなく、肯定的で相手を認める言葉を掛けるようにしましょう。これは不安全行動やルール違反を見つけて指導しようとする場合も同じです。

＜ねぎらいや感想を伝える言葉の例＞
- 暑い中（寒い中、狭い場所で、雨の中）お疲れさま
- 作業着がこんなに油で汚れていますが、大変ですね
- 予定されていた段取り替え作業をしてくれているのですね
- これが今朝入荷した新しい資材ですね。思っていたより小さいですね
- 今日は処理量が多くて、忙しい思いをさせて申し訳ないですね
- 今日は大量の在庫品がたまっていますね

対話では相手の名前を呼びましょう

安全パトロールで作業者と対話する時、できるだけ相手の名前を声に出して呼びましょう。名前はその人にとって何より大切なものです。名前を声に出すことによって、相手には自分に話しかけてくれているという印象を与え、気持ちが通じやすくなります。相手の名前を知らなければ、まず名前を尋ねてから対話を始め、その後は名前を呼ぶといいでしょう。

Ⅱ. いよいよ現場へ

ポイント6　対話は具体的な問いかけから

　安全に関する対話は問いかけから始めます。その時、できるだけ作業者が回答しやすい具体的な話題で話しかけることが大切です。対話のきっかけとする質問は、具体的でささいなことであればあるほどいいと思います。問いかけても「はい」とか、「大丈夫です」などの返事で終わってしまうような問いかけでは対話が深まりません。具体的な質問から始め、対話の流れに応じて次の質問や次の回答に発展させると、作業者の気持ちや、職場の課題が見えてくるでしょう。

1．好ましくない安全対話の問いかけ例
- 安全に作業できていますか？
- 作業前に一呼吸置いて危険予知していますか？
- 何かあったら報連相をきちんとしていますか？　　など
  → <u>「はい」と返ってきたら、対話が終わってしまう。</u>

- 困っていることはありませんか？
- 危ないと思う作業はありませんか？
- 守りにくいルールはありませんか？　　など
  → <u>「大丈夫です」と返事されたら対話が終わってしまう。</u>

クローズドクエスチョンとオープンクエスチョン

クローズドクエスチョンは、相手が「はい、いいえ」や「AかB」など回答が限られる質問のしかたをいいます。これに対し、「どう思うか？」などのように、自由に答えさせるような質問のしかたをオープンクエスチョンといいます。
対話を発展させるため、始めの問いかけはオープンクエスチョンにすることをお勧めします。

Ⅱ．いよいよ現場へ

Ⅱ．いよいよ現場へ

2．問いかけの具体例

❶ **何をしているのですか？、この作業は何ですか？**

　仕事の内容に関する質問は、作業者にとって非常に答えやすいものです。作業内容そのものに関する対話は作業のリスクを見つける上でとても有効です。あらかじめ作業内容がわかっているときは、その作業について具体的に詳細なことを聞いてみてもいいでしょう。

　＜続けて対話しやすい問いかけ例＞
- この作業は、いつ頃からしているのですか？
- 作業の所要時間はどれくらいですか？
- やりにくくないですか？　（やりにくければ、それはどんなことですか？）
- この作業で一番難しいところはどこですか？
- この作業で一番気を遣うのはどこですか？
- 誰の指示で行っているのですか？　指揮者はどこにいますか？

Ⅱ．いよいよ現場へ

どうしてここだけ塗料がはげているの？

いつもここに工具を置くからです。

それは何の工具？

○○作業用の工具です。

いつも使うの？

毎日必ず使いますね。

だからここに置いておくと便利なんだ。

そうですね（それならきちんと置き場を決めたほうがいいかな…！）

Ⅱ．いよいよ現場へ

❷ これは何ですか？

　現場に置いてある道具や工具、資材、部品などについてわからない物、見たことがない物などについて質問すると、管理者の知らない危険作業や、不安全行動が見つかる場合があります。また、それが不要品であることもあり、「これは何ですか」の問いかけは整理整頓も推進できます。

　＜続けて対話しやすい問いかけ例＞
- どういう時に使うのですか？　どのように使うのですか？
- いつも使っているのですか？
- 使い方は作業手順書に書いてありますか？　それを見せてください。
- 使いにくくないですか？
- 所定の置き場はどこですか？

❸ これはどうやって運ぶのですか？

　職場にある重量物や、異形物、持ちにくい物など、運びにくいと思われる物がある場合、この質問をしてみましょう。置いてある状態だけでは違和感を感じないものでも、それを運ぶ姿を想像した場合、質問してみると意外な不安全作業を見つけることができるかもしれません。

　＜続けて対話しやすい問いかけ例＞
- これは、ここまでどうやって持ってきたのですか？
- この重さはどれくらいあるのですか？
- 玉掛けワイヤはどのように掛けるのですか？
- フォークリフトにどのように積むのですか？

Ⅱ．いよいよ現場へ

これ、ここまでどうやって持ってきたのですか？

台車に載せてきました。

ここから狭い通路になるけど、ここからはどうするの？

ここで箱から出して、あとは手で運びますね。

その作業は一人でやってるの？

一人のことが多いです。

中身は重そうだけど、どれくらいの重さなんだろう？（実際持ってみて）結構重いね。この通路を通れる台車が隣の職場にあるから、貸してもらえるように頼んだらどうかな。

台車で運べると負担がないですから、リーダーに話して貸してもらうようにします。

Ⅱ. いよいよ現場へ

❹ リーダー（法定の作業主任者、作業指揮者）は誰ですか？

　グループで作業を行っている場合に有効な質問です。作業指揮者を定めず、一人ひとりが勝手な判断で作業をしている時に災害は起きやすいものです。作業指揮者の適切な指揮のもとに作業を行っているかどうかを確認します。また、法定の作業主任者が必要な作業の場合、その人が直接指揮していることも確認しましょう。

　＜続けて対話しやすい問いかけ例＞
- 作業者の役割分担はどのようになっていますか？
- この作業には法定の作業主任者は必要ですか？
    →それは誰ですか？
- 作業指揮者がこの仕事で一番気を使うのはどんなことですか？
- この作業の TBM でリーダーは何を指示しましたか？
    →指示は記録されていますか。その記録を見せてください。
- 工事の前にどのような安全対策を指示されましたか？
- 元請けの作業管理者からどのような注意事項があるか聞いていますか？

❺ 非定常作業の前に電源を切りましたか？

　製造ラインの中や、設備の可動範囲内で作業を行っている場合に有効な質問です。作業者が非定常作業前の安全処置を正しく認識し、それを実行しているかどうかを確認します。また、可動範囲内で行う非定常作業の実態も把握することができ、作業手順書を作成しなければならない作業を発見することもできます。

　＜続けて対話しやすい問いかけ例＞
- 立ち入り禁止区域はどこですか？
- このような非定常作業はどれくらいの頻度で行っていますか？

Ⅱ．いよいよ現場へ

 電源スイッチはどこにあるのですか？

 ここです。

 そのスイッチを切ったらどの設備が停止状態になるの？

 この柵内の設備です。

 修理札をかけてる？誰がかけたかわかる？

 修理札は、ここにかけてます。いつもは班長がかけますが、今日は休みだから、誰がかけたんだろう…？

 修理札は、誰がかけたかわかるようにして、その人がはずすルールになっているから、確認してください。

 はい、すぐに確認します。わからないと作業再開できませんね。

Ⅱ．いよいよ現場へ

❻ 作業前にどのような危険予知をしましたか？

　作業に関する危険予知内容を聞くことで、その人の安全意識や作業内容に関する知識を確認することができます。この質問を繰り返すことにより、作業前危険予知の必要性を認識させ、作業者の危険感受性を高める効果が期待できます。
　＜続けて対話しやすい問いかけ例＞
- 作業前のTBMで危険予知しましたか？→記録を見せてください。
- 危険予知して決めた安全対策はきちんと守れていますか？
- その危険予知内容は作業手順書にも書いてありますか？
- 作業前に行った危険予知項目以外に気をつけていることは何ですか？
- この作業でこれまでにヒヤリとしたことがありますか？　仲間からヒヤリとした話を聞いたことがありますか？
- もし、後輩にこの仕事を教えるとしたら、一番気をつけさせたいことは何ですか？

❼ この作業で一番危ないことは何ですか？

　現場での一連の作業を見てリスクを感じたら、作業者が同じようにそのリスクを感じているかを確認しましょう。毎日同じ作業を繰り返している作業者は意外とリスクを感じていない場合が多いので、作業者の安全意識を確認することができます。また、この問いかけを繰り返すことは、作業者の危険感受性を高めたり危険予知能力を向上させる効果も期待できます。
　＜続けて対話しやすい問いかけ例＞
- 一番注意して慎重に行っていることはどんなことですか？
- 同僚の人たちも、同じように危ないと感じていると思いますか？
- 一番危険な手順の安全対策は作業手順書に書いてありますか？

Ⅱ. いよいよ現場へ

- TBMではどのような安全対策をすることにしたのですか？
- 私はこの部分が危ないと思いますがどうでしょうか？
- これまでにこの作業でヒヤリとしたことありますか？

❽ この工具を持たせてください

　作業者が使っている道具や工具を持ち、同じことをしてみることで、やりにくい作業を体感し思わぬリスクを見つけ出すことができる場合があります。作業者の身体的な負担や、作業中の姿勢などを実際に体験してみましょう。ただし、慣れないことを行って自分がけがをすることのないよう注意が必要です。

　＜続けて対話しやすい問いかけ例＞
- この道具を使う時に気をつけないといけないことは何ですか？
- 使い方のコツはありますか？
- 使いにくくないですか？
    - →重くないですか？
    - →滑りやすくないですか？
- 作業手順書に使用方法や使用タイミングなどが書いてありますか？
- この工具はいつもどこに置いてあるのですか？
- この専用工具は自分たちで作ったのですか？
    - →大きさはどのように決めたのですか？
    - →強度計算はしましたか？
- この自作の工具を使っていることを上司は知っていますか？
- かなり古いように見えますが交換頻度はどれくらいですか？

Ⅱ．いよいよ現場へ

❾ 職場の安全の取り決め事項を言えますか？

　職場で安全に関するルールや取り決め事項がある場合、それを正しく認識しているかどうか確認する質問です。特に若手や職場の新人に対して教育的な意味で行うと効果的です。この質問を繰り返すことによって、職場で遵守しなければならない事項を浸透させることができます。もちろん、言えるだけでなく、それを守っているかどうかを確認することも大切です。

　＜続けて対話しやすい問いかけ例＞
- 職場の安全遵守事項の5項目をすべて言えますか？
- 5項目の一つに、「玉掛け作業では十分に退避」とありますが、何メートル退避したら十分だと思いますか？
- 職場の取り決め事項の中で一番大切だと思う事項はどれですか？
- 職場の取り決め事項を守らなかった場合、どのようなけがをしますか？
- 職場の安全の取り決め事項にもう一つ追加するとしたら、あなたはどのような項目を追加しますか？
- 毎日職場のミーティングで職場の取り決め事項を唱和していますか？

❿ 先週、○○事業所で発生した災害報告書を見ましたか？

　他の職場や事業所で発生した災害情報を自分への教訓として認識しているかどうかを確認する問いかけです。特に自職場の改善に役立つ内容があるときには積極的に聞いてまわりましょう。単に報告書を見たかどうかだけではなく、それを自分はどのように活かすのか、作業者の考えを確認することもできます。

＜続けて対話しやすい問いかけ例＞
- 災害報告書を見てどう思いましたか？
- その災害は、結局何が主原因であると思いますか？
- 自分の仕事を進める上で、気をつけるべきと思ったことは何ですか？
- 職場ミーティングでどのような話し合いをしましたか？　その記録は残っていますか？
- 自分の職場で同じようなことが起こるとしたら、どんな作業で何をする時に起こると思いますか？
- 災害情報に関して、あなたの上司はどのような指示を出しましたか？

Ⅱ．いよいよ現場へ

⓫ 仕事は楽しいですか？

　特に新入社員に対して仕事観を尋ねる質問です。仕事にやりがいを感じ、自分の技能を向上させたいと考えている人は、決められた通りに丁寧に仕事をする傾向があり、けがをする確率も低いと考えられます。その一方で、新人がやりたくないと感じている作業や、面倒であると感じている仕事の中にリスクが潜んでいる場合が少なくありません。

　＜続けて対話しやすい問いかけ例＞
- 今の仕事はどんなところにやりがいを感じますか？
- 一番やりたくない仕事は何ですか？
- 一番面倒だと思う仕事は何ですか？
- 一番危ないと思う仕事は何ですか？
　→その場所に連れていってください。
- この仕事で一人前になるために何年くらいかかると思いますか？
- ここでずっと働いていたいと思いますか？
- 憧れている先輩や、目標としている先輩はいますか？
- 仕事の話を家でしますか？

Ⅱ．いよいよ現場へ

⓬ 個人的な事項に関する問いかけ

　安全に関する対話ではありませんが、個人的なことを質問することも大切です。一見、雑談のようにも見えますが、趣味、好物、家族、スポーツ、最近の出来事、その人の自慢話など、相手の情報を自分から話すように仕向けることにより、対話が円滑になります。

　さらに、相手は自分の細かいことを気にとめてくれていると感じ、公私ともに見守ってもらっているという感覚やこの人に迷惑をかけたらいけない、この人にいいところを見せようという気持ちが生まれ、安全で丁寧な作業に結びつきます。

　＜対話の問いかけ例＞
- お子さんいくつになりましたか？
- 入院していたお母さんの体の具合はその後どうですか？
- あれからゴルフの練習に行っていますか？　最近のスコアはどうですか？
- 庭のバラ、今頃一番きれいに咲いているころでしょうね？
- 職場対抗駅伝では大活躍でしたが、以前から陸上競技をしていたのですか？
- 膝の痛みはその後どうですか？
- いつもおしゃれなネクタイをしていますが、奥さんが選んでくれたのですか？

感嘆詞（感情を表現する言葉）が効果的！
安全パトロールで作業者と対話する時、感情を表現する言葉を多用しましょう。良い状態や行動、作業者の努力点などほめることを見つけた時は、「うゎー！きれいにしている」、「おぉー、これはすごい改善だ」、「完璧！」、「やー、ありがとう」など、言葉に驚きや感動の表現を添えて自分のことのように喜ぶ。また逆に良くないことを見つけたら、「ありゃ～」、「どうしちゃったの～」など、困ったという感情を込めた表現で残念な気持ちを表すなど、多彩な感情表現を盛り込むことで指導内容がより伝わりやすくなります。

Ⅱ．いよいよ現場へ

ポイント7　当たり前の行動、当たり前の状態こそほめる

　安全パトロールで作業を観察した結果、指導すべきこともなく、作業者との対話もできない場合があります。その場合でも、その場を立ち去る前に、必ず観察した作業者に一声掛けるようにしましょう。

　パトロール者が自分の作業を見てどのように感じたのか、良かったのか良くなかったのか、作業者は不安に思うものです。当たり前の状態で、当たり前のことを、当たり前に行っている作業者に対して「問題なし」として無言で立ち去るのではなく、必ず言葉で評価することを心がけましょう。パトロール者が「それでいいよ」というメッセージを残すことで、作業者は安心してその後も気分よく、丁寧に作業を継続してくれるはずです。

　当たり前の行動、当たり前の状態こそほめる。この繰り返しは作業者の安全意識を向上させるばかりでなく、職場の安全風土や風通しを良くすることができる大切な姿勢です。

　＜ねぎらいの声掛け例＞
- 「お疲れさま」
- 「作業ありがとう」
- 「この調子で頼みますね」
- 「あと少しだからがんばってくださいね」

　＜仕事に対する一般的な姿勢を評価する（ほめる）声掛け例＞
- 「はっきりした指差し呼称ですね」
- 「丁寧に仕事していると感じました」
- 「きちんと操作室に連絡してくれていますね」
- 「道具を大切に扱っていますね」
- 「ぱりっとした服装ですね」
- 「大きな声で気持ちのいいあいさつをありがとう」

<正しい作業を具体的に評価する（ほめる）声掛け例＞
- 「つり荷から十分退避していますね」
- 「きちんと安全処置していますね」
- 「安全帯をきちんとつけていますね」
- 「保護具を正しく使っていますね」

<具体的に注意が必要なことの声掛け例＞
- 「高所作業だから必ず安全帯を使ってくださいね」
- 「急がなくていいですからね」
- 「△△が飛び出してくるかもしれないから立ち位置に気をつけてください」
- 「材料が熱いからやけどに気をつけてください」

叱るときは「重箱の隅をつつかない」、ほめる時は「重箱の隅をつつく」

叱るときはあまり細かいところを指摘せず、逆にほめる時はできるだけ具体的に細かいところをほめましょう。

〈悪い例〉
指差し呼称はもっと指をピンと伸ばしてやらなきゃダメだ！
ヨシ！
ちゃんとやっているのに細かいこと言いやがって！くっそー！！

〈良い例〉
指差し呼称するときのピンと伸びた君の指が美しいね！
ヨシ！
そんな細かいところまで見てくれてるんだ。にっこり

Ⅱ．いよいよ現場へ

ポイント8　危ないと思ったらまず止(と)める

1．不安全行動や、ルール違反を見て見ぬふりをしない

　　作業者の不安全行動やルールに違反する行為を見つけた時、まずは作業を止める（やめさせる）ことが大切です。

　　そして作業者が不安全行動であると認識しているか、ルールに違反する行為であるとわかっているのかを確認しましょう。

　　ただ、不安全行動もルールに違反する行為も、絶対に見過ごすことのできない重大なものから、やむを得ないと思ってしまうような軽微なものまでさまざまです。不安全行動に対して、正しい行動やルールを振りかざしてやみくもに指導するのではなく、その程度に応じた対応をすることが必要です。指導される側の納得感が得られなければ、いくら指導をしてもその不安全行動は繰り返されると考えなければなりません。

2．不安全行動や、ルール違反の程度に応じた指導

(1)　重大な不安全行動やルール違反行為

　　重篤な災害に結びつく絶対に見過ごすことのできない不安全行動や、ルール違反行為に対しては、以下の事項に留意し、厳しく指導しなければなりません。

① 　作業をすぐにやめさせる（設備などを安全な状態にした上で中止させる）。
② 　ルールを知っていたかどうか確認する。
③ 　不安全行動やルールを違反した理由を尋ねる（ルール違反行為には、本人の責任だけではなく、職場環境や上司の指示など、別の理由がある場合があるため）。
④ 　作業手順書を一緒に確認し、ルールの目的などを理解させる。
⑤ 　過去の災害事例などがあれば引用し、結果の恐ろしさを伝える。
⑥ 　作業者の上司や責任者をその場に呼び、不安全行動の事実を伝え、対話と指導を依頼する。
⑦ 　今後、どのように行動するか本人の言葉で宣言させる。

(2) 軽微な不安全行動やルール違反行為

　ついうっかりやってしまったささいな不安全行動や、重篤な災害に結びつく可能性が少ない軽微なルール違反、あるいはルールをわかっていてもそうしていると作業が遂行困難であるときなど、パトロール者としてそれを見逃したくなる場合もあります。ただ、その場合も、一旦作業者に声掛けし、作業をやめさせましょう。その上で以下の事項について、作業者と対話することが必要です。

① 作業をやめさせ、見て見ぬふりをしない。
② 作業を見て危険であると感じたことを伝える。
③ 安全に作業をする別の方法がないかを話し合う。
④ 作業手順書を確認し、正規の作業手順やルールを一緒に確認する。
⑤ どうしたらルールを守れるのか、安全に作業できるのか改善策を作業者とともに考える。
⑥ 今後、どのように行動するかを宣言させる。
⑦ 管理者として必要によりルールを変えるなどの対処をする。

Ⅱ. いよいよ現場へ

 横断歩道を渡らないで通路に出てしまうと危ないよ

 すみません。つい…。

 横断歩道まで回れないかな？

 でもここは先月からフォークリフトは通らないことになったんです。

 じゃあ、歩行可能になったことを知らせるように施設部門に伝えておくよ。改善されるまでの間、どうしたらいいか一緒に考えてみよう。

 はい！

III. 現場でここを見る・見逃さない

ポイント9　見たいものしか見えない、見ようと思ったものしか見えない

　職場の作業者のみならず管理者でも、普段見慣れた職場の風景の中にリスクがあることには気付きにくいものです。また、作業者はリスクを感じることなく作業を行っていたり、感じていても我慢して作業をしている場合もあります。管理者も、リスクを無意識のうちに見て見ぬふりをして放置していることがあるかもしれません。

　職場の風景の中に埋もれたリスクを安全パトロールで見つけるためには、テーマを絞って職場を観察することが有効です。漠然と「危険はないか」ではなく、「倒れてきそうな物がないか」、「立ち入り禁止エリアに入ることができる箇所がないか」など、特定のリスクに絞って安全パトロールすることにより、見えないものが見えてきます。安全パトロールでは「見たいものしか見えない、見ようと思ったものしか見えない」と肝に銘じ職場を観察することが大切です。

＜作業者がリスクを言いだしにくくなる要因＞
・リスクを認めたら、安全対策として作業手順が増やされるかもしれない
・防護設備や安全装置が増えて作業がやりにくくなるかもしれない
・これまで問題なくやってきたのに、いまさら変える必要性を感じない
・同僚が我慢してやっているのに、自分だけがそれをリスクであると言いにくい

＜管理者がリスクを見て見ぬふりしたくなる要因＞
・リスクとして認識した以上改善しないといけないが、アイデアがない
・改善のためには、設備を止めなければならず、生産調整もしなければならない
・予算は管理者である自分が確保しなければならない

Ⅲ．現場でここを見る・見逃さない

ポイント10　不安全行動に結びつく状態を見逃さない

　安全パトロールで不安全行動を指摘し、指導するためには、その行動の瞬間に遭遇しなければならず、ずっとその場にいるか、よほど長い時間安全パトロールしなければ見つけることが難しいかもしれません。不安全行動や職場のルールに違反する行為に遭遇しなくても、想像力を働かせ、危険な行為を誘発しそうな状況を見つけることが必要です。
　以下の事例を参考にして、職場にある不安全行動に結びつく状態を見つけましょう。

1．勘違いしやすくないか、間違いやすくないか

（1）　カーブミラーや点検窓が汚れていたり曇っている状態
　→確認すべき事項を確認せず、あるいは確認できずに作業を行ってしまうかもしれない
（2）　汚れたり、消えたりして見えない操作スイッチ表示
　→間違った操作をしてしまうかもしれない
（3）　品名表示のない化学物質・資材や、定格重量を記載していないつり具・手押し台車などの道具や工具など
　→間違ったものを使ってしまったり、定格重量を超過して道具や工具を使用してしまうかもしれない
（4）　押し間違いをしやすそうな操作ボタンの配置（ボタンと現物の配置が逆など）
　→ぼんやりしていたら操作ボタンを誤って押してしまうかもしれない

(5) パイロットランプなど作業で確認すべき表示等が作業する場所から見えにくい位置にある
  →表示等を確認せずに作業を行ってしまうかもしれない
(6) クレーン方向表示がない、つり上げ可能な重さの表示がない
  →勘違いで誤操作をしてしまうかもしれない。つり上げ可能な重さ以上の物をつってしまうかもしれない
(7) 設備が稼働状態なのか停止状態なのか、見た目だけでは判断できない
  →間欠自動運転中、たまたま停止している状態の自動運転範囲に入っているのかもしれない

2．近道行動をしたくならないか

(1) 立ち入り禁止場所を囲う安全柵がない。あるいは安全柵に人が入ることができる隙間がある
  →決められた処置を行わずに立ち入り禁止場所に入ってしまうかもしれない
(2) 設備の可動部分防護カバーに小窓がある
  →付着物を取り除いたり、給脂や点検を行う時、手を入れてしまうかもしれない

Ⅲ. 現場でここを見る・見逃さない

(3) 通行すべき安全通路が通れない状態、あるいは狭い、暗いなど通行しにくい状態
　→安全通路を通らず、危険なルートを通行するかもしれない
(4) 上がりたい・降りたいところの近くにタラップなどの昇降設備がない
　→よじ登ったり、飛び降りてしまうかもしれない
(5) 長い搬送ラインに横断デッキがない
　→搬送ラインに物が流れている状態でまたいで渡ってしまうかもしれない
(6) 作業位置のそばに停止スイッチがない
　→異常処理をする時に、スイッチを切らずに作業を行ってしまうかもしれない
(7) 壊れたり、変形していて使えなかったり、重くて扱いにくそうなストッパーなど
　→使用すべき時に使えない（使わない）かもしれない

3．保護具をつけずに作業していないか

(1) 汚れたマスク、手袋、保護メガネ
　→汚いので装着せずに作業してしまうかもしれない
(2) 高所で安全帯を使用すべき場所に安全帯のロープをかける場所がない
　→安全帯を使用せずに作業を行ってしまうかもしれない
(3) 湿度の高い作業場所
　→保護メガネが曇ることもあるので保護メガネをつけずに作業してしまうかもしれない

4．危険な作業にならないか

(1) 破損したり機能しない道具
　→使用中にけがをしたり、壊れているから使用せず間に合わせの道具を使ってしまうかもしれない
(2) 自主製作の道具や工具、つり具、ラック等の工作物
　→手製の物は、強度や安定性など機能の信頼性が保証されていない場合があり、使用中に破損したり、曲がったりするかもしれない
(3) 作業場所から遠い位置にある道具や工具の置き場
　→正しい道具や工具を使わずに、間に合わせの物で作業してしまうかもしれない
(4) 山盛りの物が詰め込んである容器
　→運ぶ時、内容物が落下するかもしれない

Ⅲ．現場でここを見る・見逃さない

(5) 生産ラインや立ち入り禁止区域内に置いてある資材や道具
　→取りに行く時、スイッチを切らずに可動範囲に入ってしまうかもしれない
(6) クレーンの作業範囲外にある重量物
　→重量物を人力で運んでしまうかもしれない。クレーンで斜めづりしたり、引きずり出す作業を行ってしまうかもしれない
(7) ラックなどに収められているが、入れ方、取り出し方のわからない物
　→無理な姿勢で出し入れしたり、クレーンやホイスト、フォークリフトを誤った方法で使用してしまうかもしれない
(8) 高積みされた製品や資材
　→玉掛け作業をする時、製品の上によじ登ってしまうかもしれない

Ⅲ．現場でここを見る・見逃さない

⑼　異型物などクレーンでのつり方のわからない重量物
　→クレーンで片づけしたり、引きずり出したり、バランスの悪い運搬をしてしまうかもしれない
⑽　つり荷の介添えに使う手カギ（ハーケン）や誘導用ロープが、所定の置き場にない
　→直接手でつり荷に触れて玉掛け作業を行ってしまうかもしれない
⑾　高所にあるバルブやスイッチ
　→操作する時、墜落するかもしれない
⑿　高所の安全柵のそばにある踏み台や脚立
　→踏み台に乗った時に、安全柵を越えて墜落するかもしれない
⒀　ライトカーテン、安全センサーなどが不適切に設置されていて過剰に作動しやすい状態
　→過剰作動をきらって、電源を切るなど機能を無効化してしまうかもしれない

Ⅲ．現場でここを見る・見逃さない

ポイント11　不安全行動の痕跡を見逃さない

　物や設備の状態を見て、不安全行動やルールに違反する行為の痕跡を見つけましょう。そしておかしいと思ったら、その職場の作業者や監督者に声をかけてください。「なぜこうなったのか？」、「どうしたらこのような状態になるのか？」、「これは何のためにここにあるのか？」などと問いかけ、相手の言葉を引き出し、対話することによって、不安全行動やルールに違反する行為など職場のリスクが見つかる可能性があります。問いかける際は、犯人探しではないので、尋問調にならないように心がけてください。
　以下の事例を参考にして不安全行動の痕跡を見つけましょう。
（1）　安全柵や危険な場所に残された足跡
　　→安全柵をよじ登ったり、入ってはいけないところに入った可能性がある
（2）　何かが当たって凹んだ設備や安全柵、フォークリフトの車体に付いたキズ、床に何かを引きずった跡
　　→何かをぶつけたり、無理な力を加えるなど、不安全な行動や、危険な作業を行った可能性がある
（3）　上ってはいけないところにある、はしごや脚立
　　→はしごや脚立を使って上がった可能性がある

⑷　クレーンの作業範囲外の重量物
　　→重量物を人力で運んだり、クレーンで引きずったりした可能性がある
⑸　一本づりのような不適切な状態で玉掛けワイヤが掛けられた製品や資材
　　→玉掛け作業で荷を不安定な状態でつった可能性がある
⑹　パレット上に不安定な荷姿で物が置いてあったり、つりあげ可能な重さ以上の物が置いてある
　　→不安定な状態のままフォークリフトで運搬してきたり、つり上げ可能な重さ以上のものをクレーンで運搬してきた可能性がある

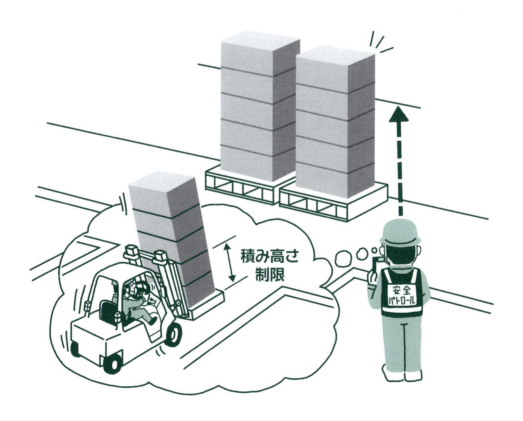

Ⅲ. 現場でここを見る・見逃さない

⑺　先端が不自然につぶれたパイプ
　→力のかかる場所に挿入して、間に合わせの道具や工具にした可能性がある

⑻　触ってはいけない場所がピカピカしてすり減っている
　→ピカピカしている部分は、日常的に触っている痕跡であり、本来触れてはいけないところに触れている可能性がある（安全カバー、回転体など）

⑼　日常的に触っていなければならないところがピカピカしていない
　→日常的に触れていない証しであり、守るべきことが守られていない可能性がある（プレスの両手スイッチ、階段の手すり、正規の出入り口扉のノブなど）

⑽　使用した痕跡のない安全装置
　→安全装置を使用せず作業を行っている可能性がある（埃をかぶったロックピンやメカニカルストッパー、電源を切られたライトカーテンなど）

⑾　安全装置のそばにある無効化用の物
　→日常的に安全装置を無効化している可能性がある（両手スイッチの横にあるスイッチ固定用と思われるガムテープ、近接スイッチのそばにある金属板、光センサーのそばにあるウェス、南京錠のそばにある鍵、閉鎖してある鎖の一部が針金でつないであるなど）

⑿　スイッチがテープや物で固定してある
　→スイッチのモーメンタリ動作（押している時だけONとなる動作）を無効化して使用している可能性がある

⒀　生産ラインの柵のすぐ外側にある、先のすり減った棒など
　→安全柵の外側から棒などで稼働部に触っている可能性がある

⒁　掛けてあるが開いたままの南京錠
　→南京錠で管理すべき立ち入り禁止場所に自由に出入りしている可能性がある

⒂　不適切な状態の保護具がある。使用すべき場所に所定の保護具がない
　→不適切な保護具を使用している、あるいは保護具を使用せず作業を行っている可能性がある

⒃　不適切な部分が摩耗した道具や工具
　→道具や工具を目的外の用途に使用した可能性がある（背面が摩耗したスパナ、先端が曲がったドライバー、砥石の側面が摩耗しているグラインダなど）
⒄　切れて破れた手袋、焦げている耐熱服、破損したヘルメットなど、損傷した保護具
　→危険な作業を行ったか、作業に失敗して危険な状態になった可能性がある
⒅　その場で使うはずのない道具や工具
　→その道具や工具を使って、作業標準外の作業を行った可能性がある
⒆　安全柵を固定しているボルトが緩んでいる、付近にボルトを回す工具がある
　→安全柵を外して出入りしている可能性がある
⒇　運転室など使用を禁止している場所に置いてあるスマホや灰皿などの禁止物
　→運転しながらスマホを触ったり、喫煙しながら操作している可能性がある
㉑　壁や設備に付着するはずのない物が付着している
　→標準外の作業によって、危険物など、飛散してはならない物を飛散させる作業が行われた可能性がある

Ⅲ. 現場でここを見る・見逃さない

Ⅳ. 安全パトロールが終わったら

ポイント12　すべての対話を個人名付きで記録

　安全パトロールでは、必ず記録を残しましょう。安全パトロールの記録は事業場や職場におけるリスクや課題の宝庫であり、うまく残せば過去を振り返る材料にもなります。指摘や指導、コメントの内容から、働く人の安全行動の変化や職場の安全衛生水準向上を確認することができたり、その当時行った安全対策が風化していないかどうか確認する資料にもなります。見つけたリスクや課題をあとから整理しやすくするために、安全パトロール記録の様式は事業場や職場単位で統一することをお勧めします。

　記録として残しておきたい事項（図4）
① パトロール名
② パトロール日時
③ パトロール者氏名
④ パトロール場所
⑤ 確認した内容（不安全状態・行動に対する指摘、正しい作業・良い作業に対してほめた事項、その他の対話事項を記載）
⑥ 対話者氏名（指摘された人、ほめられた人、対話を行った人など）
⑦ 対話の区分（「指摘」、「ほめ」、「対話」）
⑧ 確認した内容に対する対応、対策、フォロー内容
⑨ 対応担当者氏名

　安全パトロールで指摘した事項やほめた内容、さらには単に対話した内容も、見聞したことはできるだけすべて記録に残すことがポイントです。記録に残すことで、その場にいなかった関係者にもその状況や、対話内容を共有してもらうことができる上、安全パトロール者の想いを関係者に伝えることもできます。関係者が心を一つにして職場の安全衛生水準向上に取り組むベースとなります。

Ⅳ. 安全パトロールが終わったら

安全パトロール記録

安全パトロール名	課長 安全パトロール			
日時	12月10日（木）13:00～14:00			
パトロール者	佐藤 金一郎			
パトロール場所	製品 出荷倉庫			

工場長	部長	課長	係長

内容（指摘・指導・評価・対話 他）	対話者	対話区分	対応（対策、周知 他）	担当
・倉庫入口の扉が一部破損しています。手を掛けた時、手を切る可能性があります。修繕してください	佐藤	指摘（状態）	1月の棚卸当日に補修工事を施給済 当座の間は注意喚起の張り紙で対応。	紀本
・フォークリフトと走行範囲が交差していました。走行範囲を守るか、交差であれば作業計画を見直してください	山本	指摘（行動）	フォークリフト稼働台数が増え、4車となったため、作業計画見直し済	宮川
・製品の玉掛け作業で、玉掛け者の形相品が非常に明確に合図を送っていました。good!!	杉田	ほめ（行動）	若手のやる気をとてもうかがえます	―
・C社向け製品（異形物）のイレギュラ安定に置きます	午嶋	対話	新たに位置を伝え検討予定	高橋班長
・新人の神戸君に脚立の正しい使い方を指導	神戸	対話	改めて脚立の使用基準の内容確認済	高橋班長
（工場長コメント） 昨日も安全作業ありがとう。昨日から出荷量増加し、フォークやクレーンの運行が対ひっています。運転者はくれぐれも作業者、通行者に注意して下さい。フォークの範囲内走行は、やむを得ず行う場合、関係者に連絡し、表示を行うようにして下さい。				高橋班長

図4 安全パトロール記録例

Ⅳ. 安全パトロールが終わったら

ポイント１３　結果を集計・分析して改善へ

　安全パトロールの結果は定期的に集計しましょう。見つかったリスクや課題を改善するためだけでなく、ポイント１２で示したように、個人名を記録に残すことにより、作業者一人ひとりの特性も知ることができ、事業場や職場の弱点を認識することも可能となります。

１．職場リスクのリスト化

　　見つけた不安全状態や、不安全行動は、一覧表で管理しましょう（48ページ図５）。これは職場に残っているリスクの一覧表となり、設備改善や作業手順の見直し、職場ルールの制定などの改善に結びつけるデータベースになります。
　　また、職場に残っているリスクの一覧表には、安全パトロールで見つかったリスク以外に、ヒヤリ・ハット活動や職場ミーティングなどで提言されたリスクも加えることで、リスクの一元管理が可能となります。

　　＜職場に残っているリスクの一覧表の例＞
　　①　通し番号
　　　　リスク抽出数は多ければ多いほど、関係者の課題発掘意識が高いということであり、職場の安全活動が活発であるといえます（解決した事項は網かけをするなどわかるようにしておきましょう）。
　　②　抽出元
　　　　リスクを抽出した取組みを明確にすることで、各取組みの効果を測ることができます。
　　③　抽出日
　　　　リスクが抽出された時期がわかり、安全活動の活性度の推移を知ることができます。

Ⅳ. 安全パトロールが終わったら

④ 抽出者

　安全パトロールでリスクを見つけた人、ヒヤリ・ハット報告をした人、ミーティングでリスク情報を提言した人は職場の安全衛生水準向上の貢献者といえます。名前が多く登場した人を高く評価することで、リスク抽出が活発になり、一人ひとりの安全感性を向上させることも期待できます。

⑤ 内容

　抽出されたリスクの内容を記載します。

⑥ 対策

　設備の安全対策などのハード対策、あるいは作業手順書の見直しなどソフト対策を記載します。ただ、職場に具体的な対策を強く求めると、対応策が思い浮かばないようなリスクを提言しにくくなることが懸念されますので注意が必要です。費用や時間がかかることは、管理者から事業者や関係部門へ働きかけることとなります。

⑦ 完了

　対策の進捗を常にフォローし記録しておきます。

Ⅳ. 安全パトロールが終わったら

職場に残っているリスクの一覧表

製品課 梱包・出荷職場

No.	抽出元	抽出日	抽出者	内容	対策	完了日
1	課長安全パトロール	1/14	佐藤	製品出荷倉庫へ向かう通路の照明が切れている	照明器具交換	1/30
2	課長安全パトロール	2/13	佐藤	梱包装置の上部に上がる垂直タラップから墜落の危険あり	階段に改修予定。設備課に依頼	
3	ヒヤリ・ハット	2/22	神谷	製品出荷倉庫 G扉付近はフォークリフトと通行者が接触しやすい	フォークリフト運行時に転倒するパトライト設置	3/15
4	ヒヤリ・ハット	2/22	山本	クレーン運転室に昇降する南側階段に腐食部分がある	階段の補修依頼済(2/22)。当面の間は北側階段を使用する	
5	リスク洗い出し活動	3/10	鈴木	製品 D5 ラック西側の玉掛け場所が狭く、つり荷に近づきやすい作業になっている	D5ラック西側の不要物の撤去と土間の舗装	
6	災害横展開	3/21	千田	製品玉掛け用の脚立に滑り止めがないものが3台ある	滑り止めの取り付け	3/25
7	課長安全パトロール	3/21	佐藤	自動梱包機の立ち入り禁止看板が外れているものがある	立ち入り禁止看板の補修	3/25
8	ヒヤリ・ハット	4/14	由川	梱包置き場を出る時、段差でつまづき転倒しそうになった	資材置き場車側の、床面段差(コンクリート割れ状態)の補修	
9	係長安全パトロール	4/17	山本	クレーンのシーブ給脂作業で脚立の使用は危険である	給脂作業専用台の検討	
10	ヒヤリ・ハット	4/18	木村	製品のトラック積み込み中、玉掛けワイヤが切断し、荷が落下した	玉掛けワイヤの一斉点検。点検頻度の見直し	4/19
11	係長安全パトロール	5/23	山本	梱包資材の廃棄物置き場がいつも満杯状態である	廃棄物置き場の拡張。廃棄物バックの新設	
12	リスク洗い出し活動	5/28	前川	自動梱包装置の北側の安全柵の扉が破損している	補修工事依頼済(5/30)。当面の間、西側の扉から出入りする旨、表示	
13	リスク洗い出し活動	6/1	斉藤	製品出荷倉庫南側の大扉の動きが悪く、開閉作業に力を要する	扉の補修依頼済(6/3)	
14	係長安全パトロール	6/15	山本	No.5フォークリフトのタイヤにひび割れが目立つ	タイヤ購入依頼済み(6/16)	
15	係長安全パトロール	6/15	山本	No.4扉横の玉掛けワイヤ置き場の整理整頓が悪い	不要玉掛けワイヤをワイヤ倉庫に返却し整理了	6/17
16	ヒヤリ・ハット	6/18	杉田	脚立の使用中、床面が平たんではなかったため、ぐらついて倒れそうになった	脚立は平たんな場所で使用する。ラック横通路の床面を平坦に補修する計画中	

図5 職場に残っているリスクの一覧表例

Ⅳ. 安全パトロールが終わったら

2．不安全状態、不安全行動の項目別集計

　見つかった不安全状態、不安全行動を項目別に集計することにより、職場の強み、弱みを知ることができ、作業者全体の行動特性を把握することもできます。リスクに個別対応するだけでなく、職場の弱点を認識できれば、安全活動を企画する時の検討材料に活用することもできます（図6）。

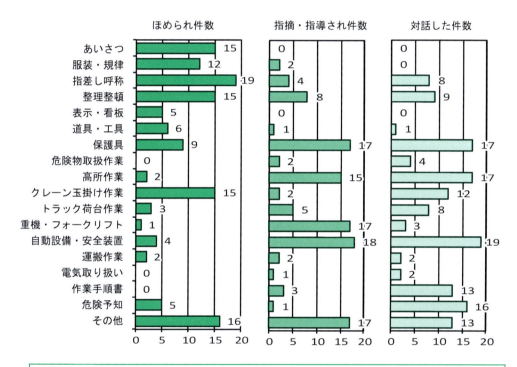

- 自動設備や高所のリスクに関しては指摘が多い。対話も活発に行っているが、職場の弱点であると言える
- 重機・フォークリフトのリスクについては指摘が多いにもかかわらず、安全パトロールであまり対話ができていない。安全対策についてさらに対話を盛り上げるべきである
- 指差し呼称、服装、あいさつなどは、ほめられ件数が多く、職場の安全風土は維持されていることがわかる

図6 不安全状態、不安全行動、対話の項目別集計例

Ⅳ. 安全パトロールが終わったら

3．対話の個人別集計

　安全パトロール記録に記載された内容を個人別に集計してみましょう（図7）。記録に名前が登場した人は、指摘であれ、ほめられであれ、安全パトロール実施者と対話を行った人です。対話の繰り返しによって個人の安全感性が向上するものであると考えれば、単にほめられが多い人が安全で、指摘の多い人が不安全というだけではなく、ここに名前が出てこない人こそが、管理の目が届いていない場所にいるリスクのある人なのかもしれません。

　安全パトロールでこのようなことがわかれば、目の届いていない場所を優先して安全パトロールしたり、対話頻度の薄い人にわざわざ会いに行くということもでき、網羅的な安全パトロールが可能になります。

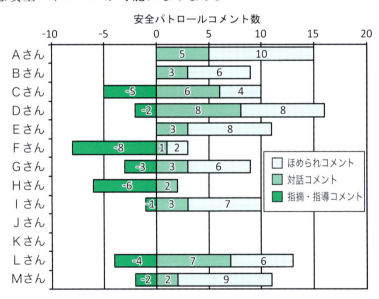

・Aさん、Dさんはほめられや対話コメントが多く、安全意識が高いと考えられる
・Fさん、Hさんは指摘コメントが多く、不安全行動しやすい人なのかもしれない
・Jさん、Kさんは安全パトロール実施者に会う機会がなかった（目の届きにくい場所で作業している、あるいはパトロール実施者を避けている？）ということであり、危険な要素を秘めている人なのかもしれない

図7　安全パトロールにおける個人別対話件数

Ⅳ．安全パトロールが終わったら

4．パトロール実施者の個人別集計

　パトロール者はすべて経験豊富な管理者であるとは限らず、その技量にばらつきがあることもあります。また、仕事の経験や性格に起因するパトロール者の癖もさまざまです。職場に複数のパトロール者がいる場合、パトロール者ごとの集計をしてみましょう(図8)。パトロール者ごとの特性を明らかにすることにより、パトロール者の安全意識を向上させることも期待できます。特に新任の管理者など、安全パトロールの力量を高めたい人が職場にいる場合に有効な方法です。

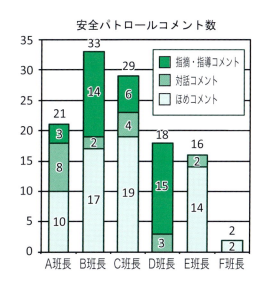

・A、B、C班長はコメント件数が多く、対話内容のバランスもいい
・D班長には職場の良いところもほめるように指導する
・E班長には、もっと職場のリスクを見つけるよう指導が必要
・F班長には作業者の行動や職場の状態に対してもっとコメントするよう指導する

図8　安全パトロールにおける、パトロール者別指導、対話件数集計例

Ⅳ. 安全パトロールが終わったら

まとめ

　安全パトロールは、不安全状態と不安全行動を見つけるだけではなく、作業者との対話を積極的に行うことで、人を育てる効果も期待できます。そして最も大切なことは、丁寧に対話をすることで作業者の納得感を得ることです。たとえば不安全行動を指導しても、作業者の納得感が得られなければ、その場は一見改善されたように見えても、職場に安全風土は定着しません。見られている場所だけきれいに見せたり、見られている時だけ正しく行動する、さらには、安全パトロールが来たら作業をやめてしまうなど、意味のないことになりかねません。安全パトロールでは作業者の納得感を常に意識し、指摘・取り締まり型ではなく、指導・支援型となるよう心がけましょう。

　安全で働きやすい作業環境をつくるためにも、人を育てるためにも、管理者は安全パトロールで現場に出て、どんどん対話し、風通しの良い職場づくりに努めましょう。

付　録

付録1

<付録1> さまざまな安全パトロールの方法

　安全パトロールは、目的に応じてタイミングや方法を工夫することにより、その効果を高めることができます。さまざまな安全パトロールの方法とその期待効果について以下にまとめました。目的を明確にして安全パトロールを行うことにより安全な職場づくりを目指しましょう。

1．リスクを洗い出す目的で行う安全パトロール

（1）静止パトロール（定点パトロール）

主な目的：詳細に作業内容を確認する。

実施方法：一つの設備の動きや、一連の作業に着目して数分間以上、同じ場所で観察する安全パトロールです。一人の作業者に同行して作業を観察する方法もあります。いずれの場合も、可能であれば作業者と対話しながら観察できるとさらに効果的です。

期待効果：設備の動きや、作業の流れの中で発生する微小なリスクを発見できる可能性があります。パトロール者が歩いて回る方法では見逃しやすい不安全状態や不安全作業を見つけやすいという効果が期待されます。また、作業の一部始終を知ることができますので、パトロール者が作業者とリスクについて話し合うとき、同じ目線で議論できるようになります。

なお、このパトロールの場合、見る範囲が限られる、時間がかかる、作業の邪魔になる（心理的にも）ことがあることなどに注意が必要です。

（2）作業手順書／実作業観察パトロール

主な目的：作業手順書の妥当性を確認する。

実施方法：作業手順書がある作業について、それを見ながら一つひとつ手順を追い、作業を最初から最後まで観察する安全パトロールです。その作業をあまり知らない人が行った方が、作業手順書の内容を客観的に確認することができます。

期待効果：作業者が作業手順書に記載してある手順通りに作業をしているか、記載の安全対策を守っているかを確認できます。逆に、作業手順書が現実の作業に適応しているか、実際に作業者が行っている安全対策が明記されているかなど、作業手順書の内容を見直すきっかけにもなります。さらに、新たに作業手順書を作成した場合、実作業と見比べることにより、手順の妥当性を確認することもできます。

（3）ローラー作戦パトロール

主な目的：職場全エリアのリスクを抽出する。

実施方法：職場を格子状に区切るなど一定のエリアを定め、エリア内においてローラー作戦的にリスクを見つける安全パトロールです。対象とするエリア内の不安全な状態だけでなく、そこで行われる作業も想像してリスクを洗い出す必要があります。見つけたリスクについてはリスクアセスメントを行い、優先順位を定めて改善を行います。

期待効果：普段の安全パトロールでは見落とされがちな細かいリスクや、管理者の目の届きにくい場所や作業におけるリスクを洗い出すことが期待されます。そこにリスクがあることを職場の関係者が知ることで、災害防止につなげることも期待できます。

付録1

2．ヒヤリ・ハットや災害事例を活かす目的で行う安全パトロール

（1）災害対策確認パトロール

主な目的：その職場の過去の災害対策の維持状況を確認する。

実施方法：過去に発生した労働災害の設備（ハード）対策や、そのとき策定したルール・基準などのソフト対策が現在においても適切に維持されているかどうかを確認する安全パトロールです。当時の災害報告書を持って、その発生現場に行き、設備の安全対策が有効か、作業手順書などにルールが記載されているかどうかを確認します。

期待効果：類似の労働災害を再び発生させない状態になっているかを確認することが主な目的ですが、過去の災害を振り返ることにより、安全パトロールに参加した人の安全意識を向上させる効果も期待できます。さらに、災害発生当時と比較して、作業量や作業内容、設備構成の変化などにより、講じた安全対策が不十分になっているケースもあります。また逆に、外部環境の変化で、すでに当時作ったルールが必要でなくなっている場合もあります。過去に発生した災害の対策は、定期的にチェックし、追加の対策を講じたり、意味のないルールを少しでも減らすなど、現実に即した対応が求められます。

（2）ヒヤリ・ハットパトロール

主な目的：作業者から報告されたヒヤリ・ハットに対する対策を確認する。

実施方法：職場で提出されたヒヤリ・ハット事象について、その発生状況と対策を確認する安全パトロールです。ヒヤリ・ハット報告書を持って、その現場に行き、報告者から発生した時の状況を確認します。報告者にリスクを語らせることも一つの方法です。

期待効果：発生したヒヤリ・ハットを関係者で確認することができ、その対策が確実に機能しているかどうかを確認できます。さらに、ヒヤリ・ハット報告をしてくれた作業者は、自分が報告した事象を管理者がきちんと見てくれると感じ、以降もヒヤリ・ハットを積極的に出してくれることが期待されます。その結果、職場のコミュニケーションや風通しの改善効果も期待できます。

（3）類似災害防止パトロール

主な目的：自職場以外で発生した災害に関する類似災害防止を図る。

実施方法：他社や他職場で発生した災害情報を見て、同じような設備、類似の作業が自分の職場にもある場合、同様の災害が自分の職場で発生するリスクがないかどうかを確認する安全パトロールです。

期待効果：他職場で発生した災害は、管理者が「自分のこととして考えよ」と作業者に指導しても、作業者は自職場との小さな違いを見つけて、「自分とは関係ない」と考える傾向が少なくありません。管理者が類似の災害を未然に防止したいと考える災害については、その対象を決めて当該作業者と話し合いながら確認するのがいいでしょう。類似災害を防止することが主な目的ですが、安全パトロール参加者や職場第一線の安全意識を向上させる効果も期待できます。

3．特定の時間に目的を持って行う安全パトロール

（1）特定危険時間帯パトロール

主な目的：特定の時間帯に発生しやすいリスクを抽出する。

実施方法：労働災害やヒヤリ・ハットが発生しやすいと考えられる時間帯に重点的に行う安全パトロールです。夜勤の明け方、交代勤務シフトの初日、補修工事の最終時間帯、夏場の気温が高い時間帯など、作業する人が慌てやすい時間帯、集中力が切れやすい時間帯などを狙って作業を観察します。その場合、パトロール者が職場にいることで、逆に作業者を焦らせたり、緊張させたりすることがないように気をつけましょう。

期待効果：特定危険時間帯における災害リスクの要因を把握することができ、作業環境の改善や、設備対応、あるいは時間を多めに取る等の作業工程上の対応が可能になります。また、安全パトロールによる見守りにより労働災害の未然防止効果も期待できます。

（2）夜間休日パトロール

主な目的：管理者のいない時間の状況を把握するとともに、作業者を激励する。

実施方法：夜間・休日など、通常、昼勤務の管理者が出勤していない時間帯に職場を回る安全パトロールです。夜間や休日しか作業が行われないものを確認することもできます。夜間や休日に仕事をしている作業者に対する感謝の気持ちと激励の気持ちを伝えることを目的としています。管理者がいない時間の不安全行動やルール違反行為を見つけることが目的ではなく、安全確保状況を把握することが大切です。

期待効果：夜間・休日は、昼勤務の管理者や事務方担当者が事業所や職場にいない分、作業者と対話しやすく、その時間ならではのコミュニケーションも期待できます。また、夜間・休日特有のリスクを発見できるかもしれません。

（3）コミュニケーションパトロール

主な目的：作業者とのコミュニケーションを深める。

実施方法：管理者が職場に出て、作業者と対話することを目的とした安全パトロールです。対話の内容は、職場の問題点、要望事項、苦労話、雑談、一人ひとりの自慢話などどのような内容でもよいと考えます。職場の業務量が比較的少ないときに行うのが効果的です。

期待効果：管理者と職場第一線のコミュニケーションにより、職場の一体感が醸成されることが期待できます。作業者は、管理者に話を聞いてもらえたという安心感や信頼感を抱き、管理者は自らの考えや想いを職場第一線に直接伝えることができます。お互いに本音で話をすることがポイントです。

付録1

4．見る目を変えて、新たな視点で行う安全パトロール

（1）クロスパトロール
主な目的：新鮮な視点で職場のリスクを抽出する。

実施方法：別々の職場の管理者がお互いに相手の職場を見て気づいたリスクを伝えあう安全パトロールです。パトロール者は観察する職場の作業内容や設備の動きなどを熟知していないため、ヒアリングしながらの安全パトロールになります。

期待効果：自分自身の職場のリスクは気づきにくいものです。また、薄々気づいていても、見て見ぬふりをして対策をとっていないリスクに気づかされたり、その職場の「常識」を知らない人に見てもらうことにより、「常識」が適切なものかどうかという確認もでき、リスクを明確にすることが期待できます。受け入れた側の職場は、自職場におけるリスクやその安全対策について説明しなければなりませんので、説明する中で新たな気づきも生まれます。また、逆に他職場を見ることによってその職場のよい点やよい取組みを自職場に活用することができます。

（2）ペアパトロール
主な目的：若手の危険感受性を向上させる。

実施方法：管理者やベテラン作業者と、職場の新人がペアで職場を見て回る安全パトロールです。新人には安全パトロール時間内に一定件数のリスクを見つけるよう課題を与えたり、安全パトロールのレポートを書かせたり、関係者に気づいたことを報告させます。

期待効果：新人は管理者や先輩から、リスクを見つける視点を学ぶことができ、危険感受性を向上させる効果が期待できます。一方、同行した管理者やベテランは、新人に教える過程で、ルールの意義や、職場のあるべき姿について考え方を整理できたり、改めて正しい姿を認識したりすることもできます。さらに、新人の新鮮な目で指摘されたリスクに気づかされることもあるかもしれません。この方法は、新人のみならず、安全パトロール者の育成にも活用できる方法です。

（3）事務部門安全パトロール

主な目的：現場をほとんど知らない人によるリスクの抽出。

実施方法：普段製造現場に出ることが少ない事務部門の社員や職員に職場を観察してもらい、「素人の目線」で危ないと感じることを提言してもらう安全パトロールです。男性中心の職場であれば女性に安全パトロールしてもらうのもいいでしょう。職場の家族見学会などを開催して、家族の目線で危ないと感じたことを教えてもらう方法もあります。

期待効果：クロスパトロールと同様、「職場の常識」、「職場の当たり前」、「職場のあきらめリスク」を言葉や文字で明らかにしてもらうことにより、職場の関係者では気づきにくいリスクや、黙認してきたリスクに対する改善が期待できます。安全パトロールする人は、現場を知るよい機会にもなります。

付録2

＜付録2＞ 職場チェックポイントの例

パトロールの際のチェックポイントを以下にまとめました。
○は状態面、●は行動面の着眼点です。

1．職場共通チェックポイント
（1） 整理整頓
　　○ 机の上、書棚などは整理整頓されているか
　　○ 不要物が放置されていないか
　　○ 資材、道具、工具は所定の場所を決め、整頓して置いてあるか
　　○ 設備や作業場所に切り粉・ごみ・ほこり・油・水がたまっていないか
　　○ 仮置きしてある物は、仮置き期限が明記されているか
（2） 表示・看板・掲示物
　　○ 立ち入り禁止看板、危険箇所の表示等が適切な場所に見やすく掲示されているか
　　○ 周知すべき文書など必要な掲示物が見やすい場所に掲示してあるか
　　○ 掲示期限を過ぎた掲示物がないか
（3） 詰所・操作室
　　○ 窓や扉が汚れたり、壊れたりしていないか
　　○ 空調機が正常に機能しているか
　　○ 弁当、飲料水などが衛生的に管理されているか
　　○ 椅子やベンチが壊れていないか
　　○ 必要な文書ファイルが所定の場所にあるか（作業手順書、SDSなど）
（4） 更衣室・風呂
　　○ 十分な換気がなされ、清潔に管理されているか
　　○ 各ロッカーは施錠してあるか
　　○ 洗濯物が乱雑に干されていないか

(5) 行動規律
- 元気にあいさつしているか
- 必要なところで指差し呼称をしているか
- 喫煙は定められた場所で行い、喫煙しながら作業や運転をしていないか
- 仕事中に業務外のメールやスマホの操作をしていないか
- 安全柵を乗り越えたり、くぐったり、登ったりしていないか

(6) 服装
- 清潔で正しい服装か
- ボタンをきちんと掛けているか
- 腕まくりしていないか
- 首にタオルを巻いたり、ポケットから物がはみ出していないか
- ヘルメットのあご紐はきちんと締めているか
- 髪はヘルメットの中に収っているか

2．危険状態チェックポイント

(1) 転倒のリスク
- ○ 通路や作業場の床面に段差がないか
- ○ 通路や階段に不要な物や、油分やダストなど滑りの原因となる物がないか
- ○ 階段に手すりがあるか、階段の手すりは持ちやすい状態になっているか
- ○ 設備や配管の上など足場が悪く転倒するおそれのある場所で作業をしていないか
- ○ 通路や階段は夜間でも必要な明るさを確保してあるか
- 階段は、必ず手すりを持ち、一歩ずつ昇降しているか
- 職場内を走っていないか
- ポケットに手を入れて歩いていないか
- 歩きながら書類を見たり、電話をしたり、メールをしたりしていないか
- 安全通路、作業通路からはみ出して歩いていないか

付録2

(2) 飛来・落下のリスク
- ○ 物が飛散したり、落下する可能性のある場所に、防護カバーや防護網が設置されているか
- ○ 資材や製品などの荷姿、高さなどが、不安定な状態になっていないか
- ○ 転がりやすいものには歯止めをし、安定した状態で置いてあるか
- ○ 壁や柱に立てかけたものは倒れないようにしてあるか
- ● 同時に上下で作業を行っていないか
- ● 高所より物を投げ下ろしたり、物を投げ上げたりしていないか
- ● 物が落ちてきたり、飛んでくる可能性のある場所で作業していないか
- ● 落ちそうなもの、転がりそうなものを固定せずに作業していないか
- ● 一人で重量物を無理に持ち運びしていないか
- ● 近くに人がいる場所でハンマーを振っていないか

(3) 高所作業・開口部のリスク
- ○ 2ｍ以上の高所作業場所に安全柵があるか
- ○ 高所作業では安全柵で囲われた作業床を設置しているか
- ○ 床面に開口部がないか
- ○ 壊れたはしごや脚立がないか
- ○ 歩廊、デッキ、階段の床面や安全柵が腐食していないか
- ○ 安全帯を使用すべき場所に、親綱など安全帯を掛ける設備があるか
- ● 安全帯を正しく装着し、正しい場所に掛けているか
- ● 垂直タラップやはしごの昇降では安全ブロックを使っているか
- ● 移動足場（ローリングタワー）を人が乗った状態で移動させていないか
- ● はしごは、下で人が支えるか、上方を固定して使用しているか
- ● 脚立やはしごはロックを確実にかけ、ぐらつかないようにして使用しているか
- ● 高所作業車のバケットに定員を超える人やつり上げ可能な重さ以上の物を載せていないか

(4) 可動設備・回転体のリスク
- ○ 設備の可動部に近づきやすい状態になっていないか
- ○ 可動部や回転体は柵や防護カバーで覆ってあるか
- ○ 柵や防護カバーに体の一部が入るような隙間はないか（安全距離は確保できているか）
- ○ 挟まれ・巻き込まれ危険個所に注意表示はあるか
- ○ 設備の可動範囲や立ち入り禁止範囲の表示は明確か
- ○ 安全装置が正しく機能しているか、無効化されていないか
- ● 点検、補修作業等で可動範囲内に入るときや回転体に近づくときは停止措置を行い、修理札をかけているか
- ● 空圧、油圧、水圧設備の可動範囲に立ち入る時は、残圧を除去して立ち入っているか
- ● 回転体に触れたり、手や足を出すような危険な作業を行っていないか
- ● 修理札の掛かったスイッチ・バルブを操作していないか
- ● 他人の修理札を掛けたり外したりしていないか
- ● 動いている設備や装置などに飛び乗ったり飛び降りたりしていないか
- ● 設備の一部分が自重により落下する恐れがある場合は、ストッパー、ロックピンなどで落下しないよう処置をしているか
- ● 可動設備、回転体などに設置された安全柵、安全カバーなどを外して作業していないか
- ● 補修等で安全柵・カバー・安全装置を取り外した時は、作業後元に戻しているか

3. 危険作業チェックポイント

(1) 道具や工具使用時のリスク
- ○ 使用していない電動工具は、プラグがコンセントから抜かれているか
- ○ 卓上グラインダの覆い、ワークレスト、調整片を正しく取り付けてあるか

付録2

- 道具や工具は使用前に点検しているか
- 間に合わせの道具や壊れた工具を使用していないか
- 道具や工具は、正しく使い、乱暴に扱ったり、目的外の使用をしていないか
- チェーンブロックは荷重に耐えられる場所に取り付けているか
- 電動工具の工具交換は、電源を切り、プラグをコンセントから抜いて行っているか
- グラインダ類は、使用前に法定の試運転をしているか
- 手押し台車は制限荷重を明示し、制限荷重を超えて使用していないか

(2) 重機・フォークリフトのリスク
- ○ 人と車両が接触する状態になっていないか
- ○ 運転中の重機から、必要な警報音が正しく発せられ、パトライトは点灯しているか
- ○ 駐車中フォークリフトに車止めがされているか
- 走行中のフォークリフト・重機に近づいたり、その作動範囲に入って作業していないか
- フォークリフトで人を昇降したり、作業台に使うなど目的外に使用していないか
- フォークリフトや重機は指定通路以外を走行していないか
- フォークリフトや重機の運転席を離れる場合は、エンジンを停止し、キーを抜いているか

(3) クレーン・玉掛け作業のリスク
- ○ 玉掛け作業場所に十分なスペースがあるか
- ○ ワイヤ等玉掛け用具は作業開始前に点検し、不具合品を使用していないか
- ○ 移動式クレーン及び高所作業車のアウトリガーは最大に張り出しているか
- ○ クレーンフックは外れ止め装置がついているか
- つり荷の下には、立ち入っていないか
- つり荷に当たらないよう、つり荷から十分に退避しているか
- つり荷やワイヤには直接触れず、手カギや介添えロープを使っているか
- 地切り後に一旦停止しているか

- ワイヤを掛けたり外したりする時は、クレーンの電源を切っているか
- クレーンやホイストのつり上げ可能な重さを守っているか
- 玉掛け者の合図がないのにクレーンを動かしていないか
- クレーンへの合図は、指名された一人の合図者が行っているか
- クレーンは決められたルートを運行しているか
- 移動式クレーンは、荷をつった状態やブームを伸ばした状態で走行していないか
- クレーン運転者は荷をつったままクレーンの運転を交替していないか

(4) トラック荷台上作業のリスク
- トラックへの積み降ろし場所に、専用デッキやタラップなど荷台に昇降するための設備があるか
- トラック荷台上で作業を行う場合は、車両のエンジンを切り、車輪に歯止めをし、キーを抜いているか
- トラックの停止中は、車輪に車止めをしているか
- トラック荷台上で玉掛け作業を行う時、クレーン運転中、玉掛け作業者やトラック運転者は作業デッキ等安全な場所に退避しているか
- トラック荷台への昇降は、専用デッキやタラップを使っているか

(5) ガス溶接・アーク溶接作業のリスク
- ガス溶接・アーク溶接作業では火の粉などの飛散防止の養生を行っているか
- 溶接機等のコードが破損していないか
- ガスのホースに逆火防止装置を装着しているか
- アーク溶接作業でアースを適切に取っているか
- 保管中、使用中のボンベは、チェーン等を用いて転倒防止措置を施しているか
- ボンベを運搬する時は、容器弁を締め、圧力調整器等は外しているか
- 作業場所から離れる時は、ボンベ元栓を閉にして、圧力調整器の残圧を抜いているか
- アセチレンガスボンベは、寝かせずに立てて置いてあるか

付録2

　　○ ガス溶断用ボンベの運搬台車には、漏れ点検用の石鹸水などを常備してあるか
　　● ガス溶断用ボンベは寝かせて転がしていないか
　　● 防じんマスク、遮光めがね等の保護具をつけて作業しているか
　　● 解体のためのガス切断作業では切断された時に危険となる場所で作業していないか
　(6)　感電のリスク
　　○ 活線作業（電気が通った状態で配線を触る作業）を行っていないか
　　○ 電気室で充電部に触れたり、電気を帯びた物に近づく作業になっていないか
　　○ 作業終了時、電気室は施錠されているか
　　○ 機械にアースが取り付けられているか
　　● 電気取り扱い作業では作業前に検電を行っているか
　　● 電動工具、電気機器に濡れた手で触っていないか
　　● 活線近接作業では、絶縁保護具、防具を使用しているか

4．危険物チェックポイント
　(1)　危険物取り扱い作業のリスク
　　● SDS（安全データシート）を職場に配備し、定められた通りの作業を行っているか
　　● 作業者は危険性や有害性を認識しているか
　　● 危険物の保管や廃棄は、決められた通りに行っているか
　　● 酸・有機溶剤・毒劇物などの有害物をペットボトル等の飲用容器に入れていないか
　　● 有機溶剤の保管場所、使用場所では火気を使用していないか
　　● 有機溶剤取り扱い作業時は十分に換気しているか
　　● 危険物の入っている容器を乱暴に取り扱っていないか
　　● 有機溶剤等、有害物を取り扱う作業時は防毒マスク、保護メガネ、保護手袋など、定められた保護具を着用しているか

(2) 火気・高温物のリスク
　○ 高温物に、近づいたり触れたりする状態になっていないか
　○ 高温溶融物がある場所の付近に水がたまっていないか
　○ ガス溶断、ガス溶接作業では、高温溶融物の飛散に対して養生を行っているか
　○ 火気使用時は、消火器・消火水バケツを配置しているか
　○ 常時コンセントに差し込んでいるプラグにほこりが堆積していないか
　○ ストーブなどの火気の周辺に可燃物を置いていないか
　○ スプレー缶は内容物を出し切ってから穴を開けて所定の場所に廃棄しているか
　● 作業終了時に残り火の確認をしているか
　● 火気作業では、必要な保護具をつけているか
　● 火気・高温物取扱作業を行っている時、化繊の下着など燃えやすいものを着ていないか
　● 危険物を取り扱っている場所で裸火を取り扱ったり、火花の出る作業を行っていないか

(3) 酸欠・ガス中毒危険場所のリスク
　○ 酸欠・ガス中毒危険場所はそれがわかるように表示しているか
　○ 立ち入り禁止表示があるか
　○ 酸欠危険作業場所で換気が十分にされているか
　○ 設置されたガス検知器は正しく機能しているか
　● 作業前にガス濃度、酸素濃度等を確認し記録しているか
　● 危険個所に入る時はガス検知器を装着しているか
　● 決められた場所・作業では空気呼吸器、エアラインマスクを使用しているか

付録2

5．安全管理体制チェックポイント

(1) 資格
- ○ 資格の必要な運転や作業で、資格がない人が作業を行っていないか
- ○ 要資格作業の作業者は、免許証や修了証を携帯しているか
- ○ 作業主任者が必要な作業では、作業主任者を配置し、作業主任者が直接作業の指揮をしているか

(2) 保護具
- ○ 保護具は必要な場所に必要な数を配備しているか
- ○ 保護具は正しく管理し、使用前に点検を行っているか
- ○ 防じんマスク、空気呼吸器などは、日頃から清潔に管理しているか

(3) 一人作業
- ● 一人作業は、監督者や同僚に連絡してから行っているか
- ● 一人で作業に向かう時、行先と帰席予定時刻を明記しているか
- ● 一人作業を行っている時は、定期的に監督者や同僚に、作業進捗状況、今後の予定などを連絡しているか
- ● 作業の新人に一人で作業させていないか
- ● 地下室、ピットなどに行くときは懐中電灯と無線・携帯電話等の連絡手段を携帯しているか
- ● 管理者は指示や連絡を具体的に明確に行い、内容確認するため復唱させているか

(4) 作業手順書
- ○ 作業手順書には手順ごとに作業の要点や安全ポイントを記載してあるか
- ○ 作業手順書はすぐに出せる場所にあり、活用されているか
- ○ 実作業と照合し、定期的に見直しを行っているか

(5) 点検記録
- 設備や車両、玉掛けワイヤなどは日常点検を行い、その記録があるか
- 対象物を見ずにチェックだけを記入していないか
- 記録は適切に管理され、交換・修理など必要な処置が行われているか

(6) 条件設定（補修工事や非定常作業前に、作業する場所の安全環境を整えること）
- 非定常作業や工事着工前に施工手順や作業場所のリスクを全員で確認しているか
- 非定常作業や工事着工前に、操業部門（工場）、整備部門、元請けの三者立会いで確実に条件設定（動力源断と修理札などで安全に作業できる状況をつくること）を行っているか
- 工事内容を変えるときや状況が変化したときは、変更管理（変更内容に応じ、安全衛生上のリスクを判断する）を行っているか

(7) 熱中症のリスク
- 始業ミーティングで健康チェックをしているか
- 作業中はこまめに休憩し、水分を摂取しているか
- ＷＢＧＴ（暑さ指数）などの測定値を踏まえた、連続作業時間や休憩時間を守って作業を行っているか

■ 執筆 ■

朱宮 徹（新日鐵住金株式会社安全推進部部長）

対話重視の安全パトロール　１３のポイント
人を育てる！　リスクを見つける！

平成28年10月12日　　第１版第１刷発行
令和５年２月17日　　　第７刷発行

　　　　編　者　中央労働災害防止協会
　　　　発行者　平山　剛
　　　　発行所　中央労働災害防止協会
　　　　　　　　〒108-0023
　　　　　　　　東京都港区芝浦３丁目17番12号
　　　　　　　　吾妻ビル９階
　　　　　　　　電話　販売０３－３４５２－６４０１
　　　　　　　　　　　編集０３－３４５２－６２０９
　　　　イラスト　ミヤチヒデタカ
　　　　印刷・製本　株式会社太陽美術

落丁・乱丁本はお取り替えいたします。　　　©JISHA2016
ISBN978-4-8059-1713-8　　C3360
中災防ホームページ　https://www.jisha.or.jp/

本書の内容は著作権法によって保護されています。
本書の全部または一部を複写（コピー）、複製、転載
すること（電子媒体への加工を含む）を禁じます。